roman vert

Dominique et compagnie

Sous la direction de

Agnès Huguet

Carole Tremblay

Le petit robot extra poutine

Illustrations

Luc Melanson

Catalogage avant publication de Bibliothèque et Archives Canada

Tremblay, Carole, 1959-
Le petit robot extra poutine
(Roman vert ; 17)
Pour enfants de 8 ans et plus.

ISBN-13 : 978-2-89512-510-5
ISBN-10 : 2-89512-510-4
I. Melanson, Luc. II. Titre.
III. Collection.

PS8589.R394P47 2006 jC843'.54 C2005-942387-0
PS9589.R394P47 2006

Dépôts légaux : 3e trimestre 2006
Bibliothèque et Archives nationales du Québec
Bibliothèque nationale du Canada
Bibliothèque nationale de France

ISBN-13 : 978-2-89512-510-5
ISBN-10 : 2-89512-510-4
Imprimé au Canada

10 9 8 7 6 5 4 3 2 1

Direction de la collection et direction artistique :
Agnès Huguet
Conception graphique :
Primeau & Barey
Révision-correction :
Céline Vangheluwe

Dominique et compagnie
300, rue Arran
Saint-Lambert (Québec)
J4R 1K5 Canada
Téléphone : (514) 875-0327
Télécopieur : (450) 672-5448
Courriel :
dominiqueetcie@editionsheritage.com
Site Internet :
www.dominiqueetcompagnie.com

Nous remercions le Conseil des Arts du Canada de l'aide accordée à notre programme de publication. Nous reconnaissons l'aide financière du gouvernement du Canada par l'entremise du Programme d'aide au développement de l'industrie de l'édition (PADIÉ) pour nos activités d'édition.

Nous reconnaissons l'aide financière du gouvernement du Québec par l'entremise du Programme de crédit d'impôt pour l'édition de livres – SODEC – et du Programme d'aide aux entreprises du livre et de l'édition spécialisée.

Chapitre 1

Il est né, le divin robot

C'est un grand jour. Le plus grand jour dans la vie de monsieur et madame RX5 : ils viennent de terminer leur bébé. Ils sont si fiers que leurs circuits électriques font presque des étincelles.

La majorité des robots qui désirent fonder une famille se contentent de commander leur futur enfant par catalogue. Mais pas monsieur et madame RX5. D'abord, ils ne sont pas très riches. Et puis, ils voulaient un petit bien à eux. Un enfant qu'ils auraient fait de leurs propres mains, à partir de pièces qu'ils auraient choisies une à une.

Monsieur RX5 ajoute une dernière goutte d'huile aux articulations. Madame RX5 vérifie que le boulon de la tête est bien serré. Ça y est. Le grand moment est arrivé : c'est l'heure de mettre leur petit chéri en marche.

– Comment allons-nous l'appeler ? s'interroge maman RX5.

Un petit voyant lumineux clignote sur le ventre de papa RX5. C'est la preuve qu'il réfléchit.

– Si on l'appelait H2J 3W6, en souvenir de mon oncle qui travaillait au bureau de poste ?

– Excellente idée ! C'est tout à fait chou. Et en plus, ça lui va à merveille.

– On est prêts, alors ? demande papa RX5.

– On est prêts ! répond sa femme.

Les deux robots déplient leur index –chlic!–et ils appuient ensemble sur le bouton de démarrage de leur fils.

D'abord, il ne se passe rien. Mais alors, rien du tout. Madame RX5 jette un regard angoissé vers son mari. Celui-ci lui fait signe de rester calme. Il faut laisser le temps aux câbles tout neufs de s'interconnecter.

Des secondes plus longues qu'un jour sans télé s'étirent dans le silence.

C'est alors que… H2J 3W6 pousse son premier « bip ! », suivi d'un autre encore plus fort. Les parents robots entendent avec soulagement le moteur de leur fils se mettre à ronronner.

–Nous avons réussi ! Nous avons fabriqué un bébé !

–Nous-mêmes !

–Et il marche !

Monsieur et madame RX5 clignotent

de partout tellement ils sont contents.

– Alors, mon trésor, comment te sens-tu ? demande gentiment le nouveau papa.

Le petit robot émet toutes sortes de cliquetis avant de répondre :

– Extra poutine !

Monsieur et madame RX5 se regardent, étonnés.

– Qu'est-ce qu'il dit ? veut savoir papa robot.

– Pizza jumbo extra fromage sans anchois, poursuit H2J.

– Je ne comprends pas, répond madame RX5. Tu es sûr que tu as mis les pièces du haut-parleur à la bonne place, mon chéri ?

– Douze pogos sans moutarde, ajoute le petit automate.

– Oui, oui, je suis convaincu de les avoir installées au bon endroit.

D'ailleurs, tu vois bien qu'il parle. C'est juste que…

–Trois cheeseburgers avec ketchup.

–… on dirait qu'il s'exprime dans une langue étrangère.

–Pour manger ici ou pour emporter ? demande brusquement H2J 3W6.

Monsieur et madame RX5 tressaillent. Ce sont peut-être de drôles de mots, mais c'est bien du français.

–Pardon ? susurre la maman pour le faire répéter.

–Pour manger ici ou pour emporter ?

–Manger…, fait le papa, pensif. J'ai déjà vu ce mot quelque part.

Il active tous ses circuits afin de mieux chercher dans ses fichiers de mémoire.

–Oui ! Ça me revient. C'est comme ça que les humains se régénéraient dans le temps. Ils mettaient des choses dans leur bouche, agitaient la mâchoire comme s'ils parlaient, et ensuite les choses broyées glissaient dans leur tuyauterie. Quelques heures plus tard, elles ressortaient par le bas, d'une autre couleur, avec une odeur bizarre.

– Tu es sûr ?! s'exclame madame RX5 avec une moue dégoûtée.

– C'est ce que disent mes banques de données, en tout cas…

– Mais comment se fait-il que notre petit robot connaisse cet étrange vocabulaire ? s'interroge maman RX5. Il y a plus de deux mille ans que les humains ont disparu de la planète !

Monsieur RX5 l'ignore. Ce qu'il sait, par contre, c'est qu'il est impossible pour l'instant de communiquer avec son fils. Les fichiers de son intelligence artificielle ne contiennent que des informations alimentaires. Il ne sait rien dire d'autre.

–Je suis sûr que c'est la faute du fournisseur, dit monsieur RX5. Il a dû nous refiler des composantes usagées. J'avais pourtant précisé que je ne voulais que des pièces neuves et de la meilleure qualité ! Je l'appelle immédiatement pour exiger des explications !

Hélas, c'est un message enregistré qui répond au pauvre papa. Le magasin a fermé ses portes. Il n'y a plus aucun moyen de retrouver le malhonnête vendeur. Monsieur RX5 raccroche, catastrophé.

–On ne pourra pas échanger les pièces, le magasin n'existe plus ! Qu'est-ce qu'on va faire ?

–Deux hot-dogs relish moutarde ! répond H2J, plein d'entrain.

Ce soir-là, quand monsieur et madame RX5 se branchent sur leur base pour se recharger, ils sont bien tristes. Leur enfant, leur enfant unique, la création dont ils étaient si fiers a un défaut technique. Une défaillance grave qu'ils ne savent pas comment soigner. Ils vont devoir l'emmener chez un réparateur.

Dans un monde de robots si perfectionnés, il est très mal vu d'avoir des pièces défectueuses. Les robots qui ne sont pas performants sont systématiquement détruits. Aller chez un réparateur peut être dangereux pour H2J, car si l'anomalie dont il souffre est irréparable, il sera sans doute envoyé au broyeur. Mais les malheureux parents n'ont pas le choix. Ils vont devoir prendre ce risque.

Chapitre 2

Qui a peur des réparateurs ?

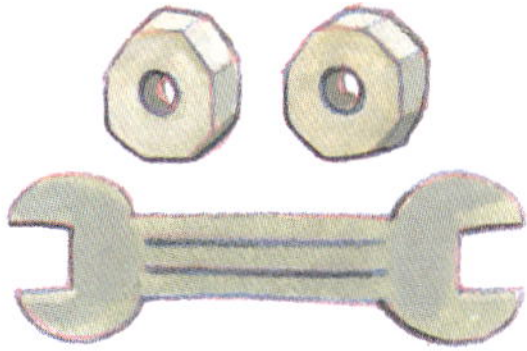

Le lendemain, madame RX5 cherche sur son réseau Internet intégré l'adresse des meilleurs réparateurs du pays. Elle en déniche trois. L'un d'eux habite la rue d'à côté. Les nouveaux parents décident de commencer par celui-là.

– Deux œufs tournés bacon saucisses, déclare H2J aussitôt après avoir été rallumé. Avec un café bien tassé.

– Quel drôle de vocabulaire ! ne peut s'empêcher de dire sa maman. On comprend un mot sur deux.

– Deux sucres un lait dans le café, complète H2J.

La petite famille monte à bord du VTM, le Véhicule de Transport Multifonctionnel, et se dirige vers le Centre de services techniques Mégaoctet.

Une jeune demoiselle robot, très design, sûrement un modèle de l'année, les accueille à la réception.

– Bonjour, comment puis-je vous aider ? grésille-t-elle quand elle les voit arriver.

– Un club-sandwich sans mayonnaise ! la salue gaiement H2J 3W6.

La jolie machine cligne des yeux. Son disque dur se met à tourner plus vite. Elle ne parvient pas à identifier la langue. Elle répète donc sa question :

– Bonjour, comment puis-je vous aider ?

Avant que monsieur et madame RX5

aient le temps d'ouvrir la bouche, H2J lance :

– Un double hamburger pas d'oignons !

Comme la réceptionniste robot comprend que H2J parle français, mais ne reconnaît aucun des mots qu'il prononce, son cerveau artificiel s'embrouille. Un voyant rouge s'allume sur sa robe.

– Excusez notre fils, s'empresse de dire monsieur RX5. Il a une défectuosité technique.

– C'est d'ailleurs pour ça que nous sommes ici, continue madame RX5. Serait-ce possible de voir un réparateur ?

La jeune demoiselle robot ne bronche pas. Son voyant rouge clignote.

– Oups... On dirait qu'elle a disjoncté.

–Mmm…, fait madame RX5 d'un air supérieur. Ces modèles récents sont très jolis, mais leur processeur n'est pas très puissant…

–Qu'est-ce qu'on fait ? demande le papa.

–Un macaroni au fromage, suggère H2J.

Monsieur et madame RX5 roulent jusqu'à l'arrière-boutique pour chercher de l'aide, mais ils ne trouvent personne. Il n'y a que des caisses et

des caisses de robots identiques à celui qui leur a répondu.

– Ça alors, ils utilisent des modèles jetables comme réceptionniste ! s'écrie monsieur RX5.

– Pour un réparateur, ce n'est pas très fort, ajoute madame RX5. Je crois qu'on devrait aller voir ailleurs. Ce centre de réparation ne m'inspire pas confiance.

– Tu viens, H2J ?

– Pizza pochette, répond ce dernier.

Madame RX5 glisse à l'oreille de son mari :

– Tu sais quoi, chéri ? J'ai parfois l'impression qu'il nous comprend.

• • •

Le deuxième réparateur est à l'autre bout de la ville. C'est un mégacentre de dix étages, avec des ascenseurs, des escaliers mécaniques et des tapis roulants.

Des écrans installés aux quatre coins de l'immense hall annoncent les promotions. Augmentation de la mémoire. Huilage. Ajout de fonctions. Changement de langue. Tout est possible.

– Ce centre est nettement mieux que l'autre, s'écrie madame RX5, dès qu'elle franchit la porte.

Monsieur RX5 s'enthousiasme aussi

à la vue de toutes ces splendeurs technologiques.

Une gigantesque pince aimantée descend du plafond, les saisit tous les trois par les épaules et les dépose sur un chariot à roulettes. Le chariot fonce ensuite jusqu'à un comptoir d'acier rutilant derrière lequel se tient un robot bien huilé.

– Bonjour, messieurs dames. Que puis-je faire pour vous ? demande-t-il d'une voix chantante.

– Six lasagnes gratinées, une soupe aux pois et un grilled-cheese, déclare H2J en souriant.

– Je vois, répond aussitôt le robot de l'autre côté du comptoir. Ce jeune individu souffre d'une défaillance du bloc latéral de la conversation.

– Quelle efficacité ! souffle madame RX5, enchantée.

–Veuillez remplir ce formulaire d'inscription, poursuit le préposé en leur tendant un écran miniature.

Madame RX5 s'en saisit et commence à répondre aux questions concernant la construction de leur fils.

Lorsqu'elle rend le formulaire électronique au préposé, un ticket de caisse s'éjecte du comptoir avec un petit bruit sec. Le commis robot l'attrape et le donne aux parents.

–Cela ne vous coûtera que la modique somme de trois millions de pixels pour faire réparer votre fils.

Madame RX5 émet un « bip » de surprise.

–Trois millions de pixels ! s'écrie monsieur RX5. Mais où voulez-vous qu'on trouve une somme pareille ?

Il a à peine fini sa phrase que l'immense pince aimantée vient les rechercher. En moins de deux, les trois robots se retrouvent dans le stationnement. Carrément mis à la porte, comme des moins que rien.

Pour réconforter son épouse, monsieur RX5 murmure :

– Tout n'est pas perdu. Il reste un réparateur, ma chérie.

– Oui, mais il est loin. À des kilomètres en dehors de la ville.

Monsieur RX5 caresse la tôle des joues de H2J.

– Te sens-tu capable d'y aller, fiston ?

– Super combo de luxe ! répond H2J.

– On y va alors ! s'exclame sa maman.

Chapitre 3

Jamais deux sans trois

La route jusqu'au dernier réparateur est encore plus longue que prévu. Monsieur RX5 craint que leur VTM n'ait pas assez d'énergie pour faire l'aller-retour. Il s'inquiète aussi pour eux trois. S'ils ne sont pas rentrés avant la nuit, trouveront-ils une base du bon modèle pour se recharger ?

Madame RX5, qui a repris confiance, dit à son mari :

– Tu t'en fais pour rien, chéri. Je suis sûre qu'un réparateur professionnel possède des chargeurs pour tous les types de robots.

12,95

–Peut-être, mais à quel prix ? maugrée monsieur RX5.

–12,95 $ pour le hot chicken, lance H2J du siège arrière.

Madame RX5 regarde son époux.

–Tu vois bien qu'il nous comprend !

–Et ça inclut la soupe et le dessert ! continue le jeune robot, souriant comme s'il venait d'annoncer la meilleure nouvelle en ville.

–Je suis convaincue qu'il n'a rien de grave, se réjouit madame RX5. Juste un petit ajustement et il sera tout à fait rétabli ! Oh ! j'ai tellement hâte d'avoir une vraie conversation avec lui !

Deux heures plus tard, la famille robot approche enfin du village où habite le réparateur repéré par madame RX5.

L'endroit est vraiment étrange. À côté de certaines maisons, il y a encore ces choses vivantes et vertes qu'on appelait des arbres.

–Un peu plus et on se croirait dans une de ces régions horriblement sauvages que les humains nommaient « banlieues », dit madame RX5.

–Tiens, c'est ici, annonce alors son mari en indiquant une cabane en bois.

–Ah ! s'écrie madame RX5 en frissonnant, cette maison est faite en arbre ! On dirait qu'elle ne contient même pas un gramme de produit synthétique. Comment un robot peut-il vivre dans une habitation pareille ?

Monsieur RX5 hausse les épaules. Il n'ose rien dire pour ne pas effrayer davantage sa femme, mais il n'est pas très rassuré, lui non plus.

Madame RX5 ne se décide pas à sortir du VTM. Elle scrute la petite boutique par la vitre du véhicule.

–Ça ne me dit rien qui vaille…

Monsieur RX5 suit des yeux un papillon qui volette autour de la cabane.

–Pour tout t'avouer, à moi non plus, marmonne-t-il. Je n'ai pas très envie de confier mon fils à un réparateur qui vit avec ce genre de bestioles.

Le papillon s'approche du VTM.

–C'est même hors de question ! s'écrie madame RX5. Allez, redémarre, on fonce à la maison !

–Impossible, chérie. Le VTM a besoin d'être rechargé.

–D'accord, on trouve un centre de ravitaillement, on fait le plein et on repart illico.

Monsieur et madame RX5 regrettent de s'être aventurés si loin sans avoir emporté une pile de rechange.

Le VTM continue d'avancer sur cette route étrange. Il n'y a aucun centre de ravitaillement en vue. Alors qu'ils passent devant un arbre chargé de grosses boules rouges, H2J commence à s'agiter. Sa tête pivote à toute vitesse. Elle fait trois tours sur elle-même avant de s'arrêter.

– Jus de pomme ou jus de raisin ? répète-t-il. Jus de pomme ou jus de raisin ?

Le jeune robot tend les bras vers l'arbre. Il a l'air enchanté.

– Jus de pomme ou jus de raisin ?

– Tiens, c'est étrange, dit madame RX5. H2J réagit comme s'il connaissait le modèle de l'arbre, alors qu'on n'a même pas commencé à graver des informations sur son disque dur.

– C'est peut-être juste une coïncidence, commente distraitement monsieur RX5, préoccupé par sa jauge d'énergie qui baisse à une vitesse alarmante. Tellement alarmante que le VTM s'arrête net, à bout d'électricité.

–Je crois qu'on n'a plus le choix. Il faut aller chez cet inquiétant réparateur, murmure monsieur RX5.

–Sur nos propres roulettes ? s'écrie madame RX5, horrifiée.

–J'en ai bien peur, ma chérie.

• • •

Monsieur et madame RX5 sortent du VTM. Après avoir vérifié qu'aucune bestiole volante, marchante ou rampante ne s'approche d'eux, ils aident H2J 3W6 à s'extirper du véhicule.

–Tout va bien, mon petit, tient à le rassurer monsieur RX5. Il n'y a aucun danger. Nous allons simplement rouler jusque chez le réparateur.

Le jeune robot n'a pas l'air effrayé

du tout. Au contraire, il semble ravi de se promener avec son papa et sa maman.

La petite famille avance tranquillement. Rien de vivant ne vient les effrayer. Il y a bien ces arbres qui font une ombre inquiétante, mais comme ils sont attachés au sol par leurs racines, le risque qu'ils présentent est limité.

Madame RX5 commence presque à trouver la balade agréable quand ils arrivent près de l'étrange arbre chargé de boules rouges qu'ils ont vu un peu plus tôt.

Lorsque H2J l'aperçoit, il recommence aussitôt à s'exciter.

– Tarte aux pommes ou tarte au sucre ? demande-t-il cette fois. Tarte aux pommes ou tarte au sucre ?

Sa tête pivote de plus en plus vite.

–Une boule de crème glacée avec ça ?

–Tout doux, murmure monsieur RX5 pour calmer son fils. Tout doux.

Il prend la main de H2J, mais celui-ci la retire d'un coup sec et s'échappe. Il fonce vers l'arbre à vive allure.

–Tarte aux pommes ! s'écrie-t-il joyeusement avant de grimper dans l'arbre.

Les circuits de madame RX5 surchauffent.

–H2J ! Reviens ici ! Reviens immédiatement !

Le jeune robot n'écoute pas. Il s'assoit sur une branche, attrape une des boules rouges et la met dans sa bouche. Il la broie avec enthousiasme.

–Non H2J ! hurle son père. Non ! Les robots ne doivent pas manger ! Arrête ! Arrête tout de suite !

H2J, tout heureux, continue d'agiter sa mâchoire en cadence. Madame RX5, au bord de l'implosion, ferme les yeux. Quand elle les rouvre, la maman robot a juste le temps d'apercevoir son mari se précipiter pour rattraper H2J, qui tombe de l'arbre, complètement hors service.

Chapitre 4

Réparateur à réparer

Après un moment de stupéfaction, madame RX5 court aider son mari à transporter H2J. Les deux parents reprennent le chemin qui mène chez le réparateur.

Ils roulent en silence sur la route. Plus rien ne les effraie, ni les arbres, ni les herbes, ni même les papillons. Dans leurs circuits électriques, il n'y a de place que pour une seule pensée : « Pourvu que le processeur de H2J ne soit pas foutu. »

Quand ils arrivent enfin chez le réparateur, le jour commence à tomber.

Dans la boutique, tout est sombre.

–J'espère que c'est encore ouvert, murmure madame RX5.

C'est avec angoisse que monsieur RX5 se dirige vers la porte. Par bonheur, elle s'ouvre !

La petite famille pénètre à l'intérieur du magasin.

Tapi dans l'obscurité, un vieux, très vieux robot tout rouillé les regarde entrer.

–Bonjour, monsieur, dit papa RX5.

–Bon-Jour, répond une voix horriblement mécanique. Qu'est-Ce-Que-Je-Peux-Fai-Re-Pour-Vous-Ai-Der ?

Le réparateur avance vers les trois visiteurs dans un bruit de ferraille assourdissant.

« Comment un aussi vieux robot, incapable de se réparer lui-même, pourra-t-il soigner mon pauvre enfant ? », se demande madame RX5. Mais elle n'ose rien dire. Ce tas de tôle grinçant est leur seul espoir.

–Notre fils a été victime d'un court-circuit, raconte monsieur RX5.

–Com-Ment-Est-Ce-Ar-Ri-Vé ? demande le vieillard de métal.

Madame RX5 constate avec horreur que le réparateur a une fleur vivante accrochée à son poitrail. Elle a un mouvement de recul.

–N'a-Yez-Pas-Peur, la rassure le vieux robot, Elle-N'est-Pas-Méchante. Alors-Comment-Est-Ce-Arrivé ? répète le réparateur, dont le débit semble s'accélérer peu à peu.

–Il a tenté de broyer des boules rouges avec sa mâchoire, répond monsieur RX5.

–Des-Boules-Rouges ? Quelles-Boules-Rouges ?

– Celles qui poussent dans les arbres, le long de la route.

– Votre Fils A Essayé De Manger Des Pommes ? s'étonne le vieillard.

– Des quoi ? demande madame RX5.

– Ces Boules Rouges S'Appellent Des Pommes, articule le vieux robot en roulant péniblement vers le fond de sa boutique.

Il ouvre une armoire et en sort quelques outils.

– Croyez-vous que vous allez pouvoir le réparer, monsieur ? s'inquiète madame RX5.

– Je Vais Tout Faire Pour Le Sauver, Mais Avant, Vous Prendrez Bien Un Peu D'Électricité ? propose aimablement le réparateur en brandissant des vieux câbles tout tordus, rafistolés avec du papier collant.

– C'est que..., balbutie monsieur RX5.

Il n'est pas rassuré du tout à la vue de l'équipement préhistorique du vieillard. On dirait quasiment qu'il date de l'époque des humains.

–Évidemment, pour accélérer le rechargement, il va falloir que je vous éteigne, précise le vieux robot.

–On est déjà chargés, s'empresse de dire madame RX5, encore plus terrorisée que son mari.

–Pourquoi Refusez-Vous ? Vous Êtes Pratiquement En Panne. Vous Ne Me Faites Pas Confiance ? demande le vieillard en penchant un peu la tête de côté.

–Ce n'est pas ça, ment effrontément monsieur RX5.

–C'Est Comme Vous Voulez. Mais Je Trouve Que Vous N'Avez Pas L'Air Très En Forme. Et Si J'Avais Besoin De Votre Aide Pour Réparer Votre Fils ?

Monsieur et madame RX5 hésitent. Doivent-ils faire confiance à cet inconnu tout rouillé ? Et si c'était un piège ? Si le vieux réparateur profitait de leur période de recharge pour les mettre en pièces ? Ça s'était déjà vu. Madame RX5 avait même lu un article là-dessus récemment dans le cyberjournal. Si c'était lui, le Démonteur Masqué ?

– Croyez-Moi, Ça Vous Ferait Le Plus Grand Bien, continue le vieux robot en agitant ses fils rafistolés.

Un de ses yeux clignote de façon inquiétante. On dirait qu'il risque de s'éteindre à tout moment.

– Alors, C'est Oui ?

Chapitre 5

Tout le monde est remis sur le piton

Quand ils rouvrent les yeux, monsieur et madame RX5 constatent avec soulagement qu'ils ont encore tous leurs morceaux. Même qu'ils se sentent beaucoup mieux. Ce vieux tas de tôle avait raison, il était temps qu'ils soient rechargés.

Rassurés, les parents robots remettent leurs circuits en marche et jettent un regard autour d'eux.

Un simple coup d'œil leur suffit pour réaliser que la boutique est vide.

Aucune trace du réparateur ni de H2J. Madame RX5 imagine déjà le pire. Elle fonce vers la porte en hurlant :

–Mon enfant ! Où est mon enfant ?

–Et le mien ! s'exclame monsieur RX5, en se précipitant derrière sa femme.

Les parents sortent de la cabane comme deux boulets de canon. Ils trouvent le vieux robot et leur fils installés, bien tranquilles, sur une plate-forme

d'aluminium, en train de contempler les papillons de nuit au clair de lune.

–Pouding au riz ! s'écrie H2J quand il aperçoit son papa et sa maman.

Le bloc-moteur de madame RX5 ne fait qu'un tour. Leur fils fonctionne ! Sa façon de s'exprimer est toujours aussi étrange, mais au moins, il fonctionne !

–Comment Vous Sentez-Vous ? demande l'antiquité à roulettes.

–Très bien, répondent en chœur monsieur et madame RX5.

–Tant Mieux. Tant Mieux.

Le vieux réparateur explique qu'il a examiné H2J pendant qu'ils se rechargeaient. Il croit avoir identifié la cause de son étrange façon de parler.

–C'Est Une Petite Puce Électronique Située Juste Sous Le Bloc Latéral De La Conversation. Une Petite Puce Qui, Aussi Étonnant Que Cela Puisse Paraître, Provient De L'Époque Des Humains.

–De l'époque des humains ! s'écrie monsieur RX5, stupéfait.

Madame RX5 balbutie :

–Mais ça fait plus de…

–Oui, Plus De Deux Mille Ans Qu'Ils Ont Disparu, confirme le vieillard de métal. De Plus, Cette Puce Se Retrouvait Non Pas Sur Des Robots Comme

Nous, Mais Sur Des Machines Distributrices.

–Des machines distributrices ! répète madame RX5 qui n'en croit pas ses oreilles électroniques.

–Oui. Ces Machines Ont Été Créées Dans Les Années 2040 Pour Remplacer Les Restaurants.

–Les restos quoi ?

Devant le regard interloqué des parents robots, le vieux réparateur entreprend de leur expliquer ce qu'était un restaurant. Il leur raconte avec beaucoup de détails comment les humains allaient s'y recharger en avalant de la nourriture.

–Spaghetti sauce tomate ! lance H2J, qui suit la conversation sans en avoir l'air. Salade de thon. Pâté chinois.

–Exactement, répond le réparateur en lui caressant la tête.

–Mais, dites-moi, monsieur, est-ce qu'on va pouvoir le guérir ? demande papa RX5, inquiet.

–Je Ne Sais Pas, répond le vieillard. Il Faudra L'Opérer Pour Retirer La Puce. C'Est Elle Qui L'Empêche De Parler Normalement. Le Problème, C'Est Que Cette Puce Est Soudée À Une Autre Pièce Qui, Elle, Est Fondamentale Pour Le Fonctionnement Du Bloc Électrique. Les Risques Sont Élevés Et Je Ne Peux Rien Vous Garantir. Il S'Agit D'Une Intervention Très, Mais Vraiment Très Délicate. Sûrement L'Opération La Plus Délicate Que J'Aurai À Effectuer De Toute Ma Vie.

Chapitre 6

En attendant Jean-Claude

–À Propos, Je M'Appelle Jean-Claude, dit le vieux robot en tendant la main à monsieur et madame RX5.

Madame RX5 doit faire un effort pour ne pas éclater de rire. C'est le nom de robot le plus ridicule qu'elle ait jamais entendu.

–Moi, c'est LG2, dit monsieur RX5 en lui serrant la pince.

–Et moi, H2O, ajoute madame RX5 en lui tendant la sienne. Et notre fils, lui, s'appelle H2J 3W6.

–Couscous merguez ! croit bon d'ajouter le jeune robot pour mettre du piquant dans la conversation.

Madame RX5 le regarde avec attendrissement.

–Il est tellement chou, le petit chou...

–Bon, Eh Bien, Vous M'Excuserez, Mais Vu Mon Vieil Âge, Je Dois Me Recharger Un Peu Avant L'Opération, déclare Jean-Claude. Ma Pile Est Très Vieille Et Se Vide Rapidement.

Le vieux réparateur pénètre dans la boutique, laissant ses clients seuls à l'extérieur.

La famille RX5 s'installe sur la plate-forme de métal. La lune s'est cachée derrière un nuage et une multitude d'étoiles scintillent dans le ciel. H2J semble fasciné par ce spectacle.

–Qu'est-ce qu'on fait en attendant ? demande madame RX5.

–Des biscuits aux pépites de chocolat ? propose H2J, rêveur.

Monsieur RX5 n'a pas le temps de répondre à sa femme que celle-ci pousse un cri déchirant.

–Quoi ? Qu'est-ce qu'il y a ? s'inquiète monsieur RX5.

–Là ! s'écrie madame RX5 en indiquant un point lumineux qui avance vers eux dans la nuit.

Le papa robot se retourne et c'est alors qu'il voit la chose, lui aussi. C'est une bestiole. Une bestiole vivante. Elle se déplace dans l'air comme un papillon, sauf que ses ailes sont plus petites et qu'elle brille d'une étrange lueur. Effrayé, monsieur RX5 laisse échapper un hurlement à son tour.

H2J, lui, n'a pas peur du tout. Même si la luciole se dirige droit vers lui et semble prête à se poser sur sa tête.

–Non ! hurle madame RX5 en se jetant sur son fils pour éviter qu'il soit touché par l'insecte.

Monsieur RX5 attrape sa femme et son enfant et les entraîne vers la boutique du réparateur. Ils roulent tellement vite qu'ils ne voient pas le vieux robot surgir de l'ombre pour venir à leur rescousse.

Et… schlang ! C'est le grand crash.

Les quatre robots s'écrasent les uns sur les autres dans un horrible bruit de tôle froissée.

• • •

Monsieur RX5 est le premier à se relever.

– Ça va, ma chérie ?

– Oui, oui. Je crois que je n'ai que quelques égratignures à la peinture. Et H2J ?

– Trois smoked-meats avec un cornichon à l'aneth ! répond celui-ci.

Son papa l'aide à se remettre sur roulettes.

–Il marche comme un neuf, dit-il à sa femme.

–Un œuf brouillé ! Pas de bacon, pas de saucisse ! ajoute H2J pour convaincre sa mère.

Madame RX5 est soulagée. Elle se tourne alors vers Jean-Claude. Le réparateur est toujours allongé sur le dos. Un inquiétant voyant orange clignote sur son cou.

–Monsieur Jean-Claude ! Monsieur Jean-Claude !

Madame RX5 secoue le vieillard de métal.

–On dirait qu'il ne réagit plus. Aïe ! Qu'est-ce qu'on a fait ?

H2J, nerveux, pivote sur lui-même en répétant :

–Pilées ou frites ? Pilées ou frites ?

Tout à coup, il s'arrête, ramasse quelques câbles et les tend à sa mère.

–Extra sauce !

–Tu as raison, fiston, on devrait essayer de le rebrancher.

Monsieur et madame RX5 tirent le vieux robot jusqu'à la prise de courant la plus proche et branchent sa rallonge de rechargement.

Jean-Claude se remet doucement en marche.

–Mer-Ci ! C'Est-Gen-Til, articule-t-il avec difficulté.

Son débit est ralenti et sa voix, très faible. Tandis qu'il fait le plein d'électricité, il explique à la petite famille qu'ils n'ont rien à craindre des lucioles. Ni d'aucune bête vivante, d'ailleurs. Il précise aussi qu'il a lui-même été créé par des humains.

–Il y a deux mille ans ! s'étrangle madame RX5.

–Oui. Deux-Mille-Vingt-Et-Un-

Ans-Pour-Être-Plus-Pré-Cis.

Il raconte qu'il est un des derniers modèles à être sortis des usines humaines. Il ajoute que les hommes et les femmes n'étaient pas tous aussi monstrueux qu'on veut bien le croire maintenant.

–Ah non ? s'étonne monsieur RX5.

–Non. Il-Y-En-A-Vait-Des-Tas-Qui-É-Taient-Gen-Tils.

Sur la base de rechargement de Jean-Claude, le voyant rouge s'éteint et le vert s'allume. Le vieux robot se lève et retire le fil de la prise. Il a à peine avancé de quelques centimètres qu'il s'écroule sur le sol. Madame RX5 s'empresse de remettre sa prise en place.

–Je-Suis-Dé-So-Lé, émet péniblement Jean-Claude, Mais-Je-Crois-Que-Ma-Pi-Le-Est-Dé-Fi-Ni-Ti-Ve-

Ment-Mor-Te. Je-Ne-Peux-Plus-Me-Re-Char-Ger. C'Est-La-Fin-Pour-Moi.

Un long moment de silence suit cette lugubre annonce. Quand Jean-Claude ouvre de nouveau la mâchoire, c'est pour dire :

–Je-Ne-Pour-Rai-Hé-Las-Pas-O-Pé-Rer-H2J.

Monsieur et madame RX5 se regardent, effrayés. Ils ne savent pas ce qui les terrorise le plus : voir mourir un robot sous leurs yeux ou apprendre que leur fils ne pourra pas être guéri.

C'est alors que Jean-Claude déclare :

–Vous-Al-Lez-De-Voir-Le-Fai-Re-Vous-Mê-Mes.

Chapitre 7

1 chance sur 2 345 645

–Mais vous aviez dit que c'était l'opération la plus délicate de votre vie ! s'exclame madame RX5. Nous n'y arriverons jamais. Nous ne sommes pas programmés pour la réparation !

Monsieur RX5 fait un rapide calcul.

–Nos chances de réussite sont de 1 sur 2 345 645.

Le vieux réparateur ne répond pas. Son moteur ronronne très très faiblement. Il semble sur le point de s'éteindre à tout jamais. Tout à coup, un bout de papier sort de l'imprimante intégrée dans son bras gauche.

Madame RX5 saisit le message qu'elle lit à son mari:

–« C'est vrai que d'un point de vue scientifique et mathématique, vos chances de réussite sont plutôt minces, mais ce n'est pas une raison pour ne pas essayer. Les humains possédaient cette faculté qu'ils appelaient l'espoir. Parfois, quand ils y mettaient du cœur, même les choses en apparence impossibles devenaient possibles. Je vous encourage à suivre leur exemple. Je le répète. Il n'y avait pas que du mauvais chez les humains. »

–Il a raison. On doit tenter le coup, déclare monsieur RX5, ragaillardi.

Il se penche vers le vieillard.

–Comment devons-nous procéder?

Un nouveau papier, deux fois plus long que le précédent, sort de l'imprimante du vieux robot. Toutes les étapes de l'opération y sont décrites, mais le texte est si pâle que monsieur et madame RX5 n'arrivent pas à le lire. Ils doivent mettre leur décrypteur en mode turbo pour déchiffrer le mode d'emploi.

– D'abord, il faut éteindre H2J, lit madame RX5.

Elle se tourne vers son fils.

– Tu viens, mon petit ?

– Le repas est servi ! dit H2J en s'allongeant sur la table d'opération.

Monsieur RX5 va chercher les outils dans l'armoire du réparateur pendant que madame RX5 éteint son enfant.

Les deux parents ont la gorge nouée quand ils entendent le « bip » de fermeture de leur fils chéri.

– Bonne chance, H2O, dit solennellement monsieur RX5 à son épouse.

– Bonne chance à toi aussi, LG2.

Tournevis en main, ils entreprennent alors la délicate, si délicate opération.

• • •

– Tu es sûre que tu as bien lu ? demande monsieur RX5.

– Formelle, répond sa femme, en lui tendant le document. Vérifie, si tu veux.

Monsieur RX5 attrape le long bout de papier.

–C'est vrai, conclut-il, après l'avoir consulté. Il est bien écrit qu'on doit démonter le processeur de monsieur Jean-Claude.

Les deux robots regardent le vieillard, toujours couché sur le sol.

–Mais on ne pourra plus jamais le redémarrer si on lui retire son processeur…

–Je ne sais pas si j'aurai le courage de faire une chose pareille, dit madame RX5 en frissonnant. Tuer un de nos semblables…

–C'est-La-Seu-Le-So-Lu-Tion, déclare d'une voix à peine audible le vieux robot.

–Mais on ne pourra plus jamais vous remettre en marche ! réplique monsieur RX5.

–Je-Suis-Bon-Pour-La-Fer-Rail-Le-De-Tou-Te-Fa-Çon.

Sur la table, H2J est en pièces détachées. Il faut que les parents se décident vite. Et s'ils étaient incapables de remonter leur fils comme il faut ? S'il ne redémarrait pas lui non plus ? Ça serait deux vies gaspillées par leur faute.

–C'est-La-Seu-Le-So-Lu-Tion, répète le vieillard. Je-Suis-Vieux, J'Ai-

Fait-Mon-Temps. H2J-Est-Jeu-Ne. Il-Doit-Vi-Vre. A-Yez-Le-Cou-Ra-Ge-De-L'Es-Poir, articule lentement Jean-Claude.

Ce dernier effort pour parler semble l'avoir anéanti. Son voyant ne clignote plus du tout. On dirait vraiment qu'il est mort.

– Si c'est sa dernière volonté…, dit doucement madame RX5.

– On n'a plus rien à perdre, poursuit son mari.

Madame RX5 ne peut s'empêcher de verser quelques larmes quand son mari coupe les fils qui relient le processeur de Jean-Claude à son bloc-moteur.

Puis, elle se ressaisit et recommence à donner les indications à son époux pour qu'il puisse continuer l'opération.

Monsieur RX5 arrache des câbles, en relie d'autres. Il ajuste des vis, resserre des boulons. La réparation prend de longues heures.

Au petit matin, toutes les pièces de H2J sont replacées à l'intérieur de son corps. C'est avec émotion que madame RX5 pose le dernier panneau dorsal de son fils.

L'heure de vérité a sonné. Leurs efforts seront-ils couronnés de succès ?

Chapitre 8

Ô joie ! Ô bonheur !

– Papa ! Maman ! s'écrie H2J aussitôt qu'il est remis en marche.

Les deux parents se ruent sur leur enfant pour le serrer dans leurs bras.

Guéling ! Guélang ! La famille robot n'en finit plus de faire des câlins. C'est un véritable concert de casseroles.

– On a réussi ! On a réussi ! ne cessent de répéter le papa et la maman en pivotant sur eux-mêmes.

Ils sont tellement heureux. Ils ont l'impression que leur fils est né pour la deuxième fois.

Cling ! Clang ! Et re-câlins !

– Et monsieur Jean-Claude ? lance tout à coup H2J, mettant brusquement un terme aux effusions de joie.

Monsieur et madame RX5 s'immobilisent. Les trois robots entourent la carcasse rouillée du vieux réparateur.

– Il t'a fait don de son processeur, annonce tristement monsieur RX5.

– Il est mort ? demande H2J, d'une toute petite voix.

– J'en ai bien peur, répond sa maman.

– Pour moi ? continue-t-il, la gorge nouée.

– Sa pile était finie, lui dit son papa pour le consoler. Il se serait éteint de toute façon.

Le disque dur de H2J se met alors à tourner à toute vitesse. On l'entend ronronner dans le silence de la pièce.

Soudain, le jeune robot commence à ouvrir les armoires et à fouiller tous les tiroirs.

–Qu'est-ce que tu fais ? lui demande madame RX5, qui tente de le suivre dans la boutique.

Mais H2J ne répond pas. Il farfouille, rassemble des bouts de ferraille, empile des fils de toutes les couleurs, puis il hisse le vieillard sur la table d'opération. C'est avec des gestes sûrs et efficaces qu'il plonge une pince dans la vieille carcasse sous le regard stupéfait de son père et sa mère.

Moins d'une heure après, Jean-Claude ouvre les yeux. Quelques secondes plus tard, il ouvre la bouche :

–Je me doutais bien que tu réussirais à me réparer quand on t'aurait intégré mon processeur, pouding chômeur. Mais je ne croyais pas que tu l'aurais fait si vite, cornet de frites.

Il s'adresse ensuite aux parents, toujours bouche bée.

– En lui posant la pièce qui m'appartenait, vous lui avez transféré toutes mes connaissances en réparation, tarte au citron. Je vais maintenant pouvoir prendre ma retraite, ragoût de boulettes. D'accord, j'ai une drôle de façon de parler, steak haché, mais c'est mieux que de finir à la ferraille, pain à l'ail.

– Et votre pile ? Elle n'est pas censée être morte ? demande madame RX5.

Jean-Claude hausse les épaules :

– Je croyais, oui, salade de macaronis.

Il se tourne vers H2J pour savoir ce qu'il en pense. Le jeune robot déclare :

– Elle est morte, en effet. Vous allez

devoir rester branché en permanence. Du moins jusqu'à ce que je trouve le moyen de vous bricoler une pile compatible avec votre vieux système électrique. Mais je crois que j'ai déjà une petite idée de la façon d'y arriver…

–Vous pouvez être fier de votre fils, douzaine de saucisses. Ça va être un grand réparateur, verre de liqueur.

H2J sourit. Il est tellement content d'avoir réussi à sauver Jean-Claude.

–J'aimerais vous demander une faveur, dit le jeune robot à la vieille carcasse rouillée.

–Ce que tu voudras, gâteau au chocolat.

–Est-ce que je peux vous appeler grand-papa Jean-Claude ?

Les yeux du vieux réparateur se remplissent d'huile. C'est avec un trémolo dans la voix qu'il répond :

–Si tes parents sont d'accord, rôti de porc, ce serait un honneur, gratin de chou-fleur.

• • •

–Eh bien, il est temps de rentrer à la maison, annonce madame RX5 après qu'ils se furent tous embrassés, remerciés et félicités.

Monsieur Jean-Claude prête à la petite famille une génératrice mobile pour recharger le VTM tombé en panne. Monsieur RX5 promet de la rapporter sans tarder.

–Ça vous fera une bonne raison de revenir me voir, œufs au miroir.

–Nous reviendrons de toute façon, le rassure madame RX5.

Au moment où elle franchit la porte, la maman s'écrie soudain :

–Ah ! j'allais oublier ! Combien vous devons-nous ?

–Vous voulez rigoler, sandwich au pâté ? Vous avez fait tout le boulot, sirop d'abricot. Et puis, vous faites partie de la famille, glace à la vanille. C'est donc gratuit, paquet de biscuits !

C'est ainsi que H2J 3W6 rentre à la maison, guéri, avec des parents fiers de lui.

Il a hâte de retourner voir son grand-père parce qu'il aime bien le réparer, mais aussi parce qu'il adore les étranges bestioles vivantes qui rampent et volent autour de sa maison. Des créatures comme il y en avait tant à l'époque où les humains n'étaient pas encore disparus de la terre. Une époque très très lointaine que le petit robot a l'impression de connaître un peu mieux maintenant qu'on lui a posé le processeur du vieux réparateur, tartine de beurre !

Carole Tremblay

Auteure de livres pour la jeunesse et de pièces de théâtre, Carole Tremblay a cette fois imaginé une histoire de robots aussi poignante qu'hilarante. En cherchant un nom pour son petit robot extra poutine, elle a eu une illumination : et s'il s'appelait H2J 3W6, en l'honneur de son propre code postal ?!

Chez Dominique et compagnie, Carole Tremblay a publié de nombreux albums illustrés dont *Roméo, le rat romantique*, *Juliette, la rate romantique*, *La véridique histoire de Destructotor* et *Marie-Baba et les quarante rameurs*. Elle a aussi écrit plusieurs livres dans la collection À pas de loup, tels que *Fred Poulet enquête sur un microbe* et *Médor et le cadeau piquant*.

Dans la même collection

1 **Christophe au grand cœur**
Nathalie Loignon

2 **Jomusch et le troll des cuisines**
Christiane Duchesne

3 **La mémoire de mademoiselle Morgane**
Martine Latulippe

4 **Un été aux couleurs d'Afrique**
Dominique Payette

5 **Du bout des doigts le bout du monde**
Nathalie Loignon

6 **Jomusch et la demoiselle d'en haut**
Christiane Duchesne

7 **Marion et le Nouveau Monde**
Michèle Marineau

8 **La belle histoire de Zigzag**
Yvon Brochu

9 **Jomusch et les poules de Fred**
Christiane Duchesne

10 **Un amour de prof**
Yvon Brochu

11 **Jomusch et les grands rendez-vous**
Christiane Duchesne

12 **Le fantôme du bateau atelier**
Yvon Brochu

13 **Monsieur Alphonse et le secret d'Agathe**
Ania Kazi

14 **Les perdus magnifiques**
Charlotte Gingras

15 **Jomusch et le jumeau mystère**
Christiane Duchesne

16 **Jomusch et le trésor de Mathias**
Christiane Duchesne

17 **Le petit robot extra poutine**
Carole Tremblay

Achevé d'imprimer en juillet 2006
sur les presses de Imprimerie L'Empreinte inc.
à Saint-Laurent (Québec) - 67263